MONSEIGNEUR BOUGAUD,

Évêque de Laval.

MONSEIGNEUR

L.-E. BOUGAUD

ÉVÊQUE DE LAVAL

SON SACRE DANS LA BASILIQUE DE SAINTE-CROIX
CATHÉDRALE D'ORLÉANS

PAR ÉMILE HUET, AVOCAT
ANCIEN ÉLÈVE DU PETIT SÉMINAIRE DE LA CHAPELLE

Deuxième Édition, revue et augmentée

ORLÉANS
H. HERLUISON, LIBRAIRE-ÉDITEUR
17, RUE JEANNE-D'ARC, 17

1888

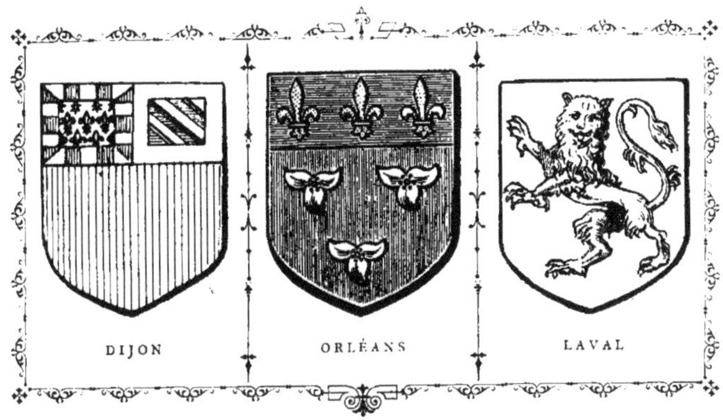

MONSEIGNEUR BOUGAUD

S'il faut en croire les traditions vivaces de l'Orléanais, la basilique de Sainte-Croix — témoin immuable les faits marquants dans les siècles qui passent — verrait, aujourd'hui 2 février 1888, s'accomplir pour la cinquième fois au pied de ses autels la cérémonie du sacre d'un évêque.

Aux origines mêmes, saint Euverte et saint Aignan, en l'an 1016, saint Thierry II, y reçurent la divine investiture des fonctions épiscopales ; puis de longs siècles s'écoulent jusqu'à l'année 1724, où l'histoire, plus précise, enregistre le sacre de Mgr Nicolas-Joseph de Paris, le 27 février, dimanche de la Quinquagésime.

Les fidèles Orléanais voyaient alors dans l'évêque consacré le coadjuteur de Mgr Fleuriau, qui désignait ainsi à leur piété, en la personne de son neveu, son digne successeur. Demain, Mgr Bougaud quittera l'Orléanais, laissant par devoir, derrière lui, la respectueuse affection de tous, pour conquérir celle de ses nouveaux diocésains : conquête facile, car elle est faite d'avance ; fleuron nouveau de la couronne du nouvel élu qui viendra s'ajouter à l'ancien ; mais l'évêque de Laval ne saurait empêcher Orléans de compter au nombre des siens le vicaire général si regretté.

*
* *

Mgr Bougaud est né en Bourgogne. Les Dijonnais sont fiers de le ranger ainsi parmi leurs compatriotes les plus illustres, « les saint Bernard, les Bossuet, les Montalembert, les Lacordaire ». Les Lavallois le verront sur le siège épiscopal de leur diocèse et l'histoire l'inscrira en bon rang dans la suite de ses évêques. Mais les Orléanais ont bien le droit de revendiquer pour eux le prêtre zélé et bon, le vicaire général qui, pendant vingt-cinq années, « façonna à son image plusieurs générations de prêtres dont il fit un clergé modèle » ; celui que Mgr Dupanloup alla chercher au loin pour en faire son ami, son fils, son collaborateur ; l'orateur éminent, qui savait à côté du grand évêque occuper dignement la chaire de Sainte-Croix ; le panégyriste

SAINT LOUIS, PATRON DE Mgr BOUGAUD.

Statue par Marochetti.

Gravure extraite de Wallon, *Saint Louis*. (A. Mame et fils, éditeurs.)

de Jeanne ; l'érudit enfin qui, pour se délasser des œuvres de haut vol dont les monuments sont déjà si nombreux, voulait bien donner les miettes de son esprit et de son cœur à des travaux familiers dont s'honorent nos sociétés savantes.

L'une d'elles eut l'honneur de l'avoir pour président, et elle conserve pieusement dans ses annales un discours où, s'identifiant au pays, il analysait si délicatement « Orléans et le caractère orléanais ». — « Orléans est le cœur de la France, disait-il avec le poète :

Non Potuit magni caput esse Aurelia regni ;
Ergo quod reliquum est, cor fuit atque fides.

« Orléans a le courage du cœur, intrépide en tous temps, mais, à l'heure du péril, généreux jusqu'à l'enthousiasme et fidèle jusqu'à la mort. » Cela est écrit en **1872** : voilà pour le Cœur. L'Esprit ? « L'Intelligence est au centre..... Il est facile d'indiquer la part d'Orléans. Moins d'imagination qu'aux extrémités, plus de raison ; moins de flamme, de passion, de coloris, plus de sens, de justesse, de mesure, de goût... Redoutable à ses ennemis, facile et bonne pour ceux qu'elle aime, elle a dans les veines avec le sang guépin cet esprit alerte, incisif, armé pour le combat. » Ce caractère a été achevé par le christianisme, auquel Orléans, délaissant le côté de l'imagination, a pris seulement « l'austérité et la charité ». — « Économe pour tout le reste, Orléans ne compte plus dès qu'il s'agit de bonnes œuvres. »

Ingrat serait celui qui ne réclamerait cet écrivain

comme sien : les liens de l'esprit et du cœur noués ainsi ne se rompent jamais !

Mgr Bougaud a voulu rester Orléanais d'ailleurs, car il a voulu être sacré dans la basilique de Sainte-Croix et par son évêque, comme le fils qui veut voir les phases importantes de sa vie porter l'empreinte de la main et de la maison paternelles. Le « cœur de la France » ne saurait être ingrat : il ne serait alors ni le cœur, ni français ! Que Mgr Bougaud daigne en nous quittant accepter notre humble et pieux hommage.

*
* *

L'élévation de M. l'abbé Bougaud à l'épiscopat devait, eu égard à l'éminence du prélat nouveau, susciter des biographies. Elles ont paru nombreuses. Nous transcrivons ci-dessous la première en date, qui fut publiée le 9 novembre 1887, quelques heures après l'apparition du décret de nomination. Dût la modestie de l'auteur en souffrir, elle nous a paru la plus fidèle, et en outre de celui de la nouveauté, avoir un mérite tout spécial : celui d'être faite par un disciple qui par l'esprit et le cœur devait connaitre son maitre vénéré.

*
* *

« M. l'abbé Émile Bougaud, vicaire général et archidiacre d'Orléans, est né à Dijon en 1824. Il fit ses études au petit séminaire d'Autun, où les plus brillants succès le révélèrent déjà à ses maitres et à ses condisciples. Cette précoce supériorité se maintint au grand séminaire de Saint-Sulpice, dont il suivit les cours pendant cinq

SAINTE CHANTAL,
D'après Restout.

années. Il reçut, en 1846, l'onction sacerdotale des mains de Mgr Affre, et revint dans son diocèse natal, où il fut nommé, par Mgr Rivet, professeur de dogme, au grand séminaire. L'altération de sa santé le força à quitter sa chaire après six années d'un enseignement qui a laissé de durables souvenirs. De 1852 à 1861, il fut aumônier de la Visitation, à Dijon. Il employa à étudier les origines de cet ordre, les loisirs que lui laissait son ministère, et, en 1861, il en livrait le récit au public dans cette belle *Vie de sainte Jeanne de Chantal*, qui le plaça tout d'abord au premier rang de nos hagiographes contemporains. Mgr Dupanloup, attentif à tout ce qui se produisait de grand dans l'Église de France, lut ce livre avec admiration et en remercia l'auteur dans une lettre magistrale, où il trace un idéal de l'historien, et félicite M. Bougaud de l'avoir réalisé. Quelque semaines plus tard, le jeune écrivain et le grand évêque s'entretenaient intimement sur la terrasse du château de Menthon, au bord du lac d'Annecy : « Je voudrais, disait l'évêque à son interlocuteur, vous donner le temps et la liberté d'écrire et de parler. » M. l'abbé Bougaud accepta le titre de vicaire général avec les fonctions d'archidiacre de Gien. Plus tard, quand mourut l'abbé Desbrosses, en 1875, il fut nommé vicaire général officiel, et, en 1885, à la mort de Mgr Rabotin, Mgr Coullié lui conféra le titre et les fonctions de premier vicaire général et d'archidiacre d'Orléans.

« Les sollicitudes et les travaux inséparables de l'administration diocésaine laissèrent à ce puissant esprit toute sa vigueur, et durant les vingt-cinq années qu'il passa à Orléans, il n'a cessé de produire des œuvres dignes de ses brillants débuts, connues et admirées de toute l'Église. En 1865, la *Vie de sainte Monique*, avec cette admirable introduction qui a ranimé la confiance au cœur de tant de mères; en 1874, la *Vie de la bienheureuse Marguerite-Marie*, où sont racontées les origines de la dévotion au Sacré-Cœur, où cette grande dévotion est définie, expliquée, célébrée, analysée dans ses profondes harmonies avec les détresses de l'heure présente et le caractère de la France, en des pages lumineuses et brûlantes. En ces dernières années, nous avons vu paraitre successivement les cinq volumes d'une apologétique intitulée : *Le Christianisme et les temps présents.* L'éminent écrivain y traite toutes les questions religieuses et sociales qui préoccupent nos contemporains. C'est une des œuvres les plus considérables de ce temps. Elle contient, notamment, sur les conséquences de l'irréligion, sur la physionomie morale et divine de Jésus-Christ, sur le mystère de la douleur, sur l'Église, sur la papauté, quelques-unes des plus belles pages que ces immortels sujets aient inspirés. Enfin, M. l'abbé Bougaud achève en ce moment une *Grande Vie de saint Vincent de Paul*, qu'une bienveillante communication nous a déjà permis d'annoncer à nos lecteurs. Dans cette rapide énumération de ses œuvres, nous ne pouvons omettre cette fameuse brochure : le *Péril de l'Église de France*, qui fut vendue à 100,000 exemplaires, hautement encouragée par Mgr Dupanloup, et approuvée par plus de cinquante évêques; elle retentit comme un cri

SAINTE MONIQUE ET SAINT AUGUSTIN,
D'après le tableau d'Ary Scheffer.

d'alarme d'un bout à l'autre du pays, et suscita de toutes parts un nouveau zèle pour le recrutement des vocations sacerdotales dont elle signalait la diminution progressive. En M. Bougaud, l'orateur égale l'écrivain. Il est de premier ordre. Durant près de quinze années, dans de mémorables stations quadragésimales, du haut de nos plus grandes chaires, il a tenu d'immenses auditoires attentifs et ravis sous la puissance et le charme de sa parole ; à Paris : à Saint-Thomas d'Aquin, à Sainte-Clotilde, à Saint-Sulpice, à la Madeleine, où il prêcha deux fois le carême ; à Lyon, où depuis la station prêchée par le père Lacordaire, l'on ne se souvient pas d'avoir assisté à un tel triomphe oratoire; à Nancy, où l'on venait l'entendre des points les plus éloignés de la Lorraine et de l'Alsace; à Rouen, à Nantes, à Orléans, etc. Parmi ces nombreux discours de circonstance, nous citerons seulement le panégyrique de Jeanne d'Arc, celui de saint Charles; deux discours sur l'agriculture, véritables chefs-d'œuvres du genre; cette émouvante allocution, prononcée dans la cathédrale d'Orléans, en 1873, au service des morts tombés sur les champs de bataille, et qui, selon l'expression d'un de ses auditeurs, égala le gémissement et la plainte à la douleur; ses admirables paroles sur le cercueil de Mgr Dupanloup, dans ces funérailles *presque royales* que la France fit à son grand évêque; ses discours attendrissants en faveur des Petites-Sœurs des Pauvres, dont il a plusieurs fois plaidé la cause devant la charité orléanaise ; son hommage patriotique au commandant Berthe de Villers, etc., etc.

« Une pensée domine et inspire toute l'œuvre apologétique et oratoire de M. l'abbé Bougaud. Il l'exprimait lui-même dans une réunion intime où l'élite d'un de ses grands auditoires était venu lui apporter l'écho de la reconnaissance et de l'admiration publique : « Dieu et l'âme, disait-il, sont harmoniques. Ils sont l'un à l'image de l'autre. Ils ont en eux, si j'ose le dire, les mêmes aspirations et les mêmes battements de cœur. Il y a deux choses aussi qui sont harmoniques : c'est l'Église et la France. N'est-ce pas M. de Chateaubriand qui a dit quelque part que pour les longues unions, il fallait de grandes différences de caractères dans de grandes harmonies de cœur ? Et, voilà pourquoi, quelles que puissent être nos inquiétudes et nos tristesses, j'espérerai toujours ! Car, où trouver de plus grande différence de caractère qu'entre l'Église et la France ? Celle-ci si vive, si ardente, si mobile ! celle-là, au contraire, si lente et si patiente, presque immobile, dirait-on, quoiqu'elle ne le soit pas ; jamais pressée parce qu'elle est comme Dieu : *Patiens quia æternus*. Mais si les caractères ne se ressemblent pas, quelle harmonie de cœur ! Qu'est-ce qui fait tressaillir la France ? le bien, le beau, le grand, le noble ; jamais l'intérêt, toujours l'honneur et le dévoûment. Elle fait des folies pour cela, et on nous les reproche trop en Europe pour que nous n'en soyons pas fiers. Et, de son coté, que veut l'Église, que cherche l'Église ? pourquoi fait-elle aussi de sublimes folies, si j'ose le dire, après saint Paul : *gentibus autem stultitia*, si ce n'est pour le bien, pour le vrai, pour l'âme, pour ce qui n'est pas du temps, pour ce qui ne se

SAINT VINCENT DE PAUL.

vend ni ne s'achète? Ah! oui, l'Église et la France sont harmoniques, et c'est pourquoi, je crois, j'espère, j'ai dans l'avenir une confiance inébranlable. » C'était en 1868 que M. Bougaud parlait ainsi. Qu'il parle ou qu'il écrive, il n'a pas d'autre but : attirer les âmes, les peuples, les sociétés, et, particulièrement, la France à Dieu, à Jésus-Christ, à l'Église, en faisant ressortir les profondes harmonies qui doivent les unir. D'un côté, les aspirations ardentes, les déceptions et les détresses d'une génération sceptique et passionnée; de l'autre, les trésors de vérités, d'espérances, d'amour, de paix et de vraie liberté que lui offre la religion catholique, et qu'elle seule lui offre; voilà ce qu'il ne cesse de peindre avec une émotion tour à tour poignante et ravie, et toute son éloquence est dans ce contraste. Toutefois, cette unité de but ne produit pas chez lui la monotonie. Il sait tant de chemins pour y arriver, il sait varier à l'infini les aspects et les points de vue; sa riche et splendide imagination lui fournit des développements inépuisables et toujours nouveaux.

« Par sa langue aussi bien que par ses idées, il appartenait à l'école de Chateaubriand et de Lacordaire. Comme eux il aime les grands tableaux, les images brillantes, les mots qui peignent d'un trait, ces phrases amples, harmonieuses, colorées. Mais c'est un disciple original, il est né pour ces luttes où l'amour de Dieu veut être confondu dans l'amour de l'humanité. Ces deux amours, il les a peints en termes trop éloquents, avec des accents trop inimitables à qui n'aurait que l'art pour ne pas les porter en lui. C'est le fond de son talent parce que c'est le fond même de sa nature.

« En chaire, la manière de M. Bougaud est ouverte et sympathique. Son attitude est simple, digne avec de l'abandon, son geste noble et énergique, le timbre puissant de sa voix remplit facilement les plus vastes vaisseaux. Son visage s'éclaire vite de la flamme intérieure, l'émotion le gagne rapidement et l'envahit. L'on sent la généreuse confiance de l'homme qui porte en lui la vérité et est impatient de la répandre. Dès les premières paroles, l'orateur entre dans son sujet. Il le pose nettement, largement, avec une simplicité qui n'est pas sans grandeur, quoiqu'elle ne laisse rien soupçonner d'abord des profondeurs qu'elle cache, et des rares magnificences qui vont jaillir de ces profondeurs. Puis, les trois ou quatre mots dans lesquels l'orateur a résumé sa pensée, il les reprend un à un, il les féconde, et les développe avec une ampleur singulière, et avec cette liberté d'une conviction profonde qui autorise toutes les libertés de la parole. Jamais il ne recule ni devant sa pensée, si hardie qu'elle puisse paraître, ni devant son expression, si familière qu'elle lui monte aux lèvres. On sent qu'il vient du pays de Bossuet, l'homme des témérités héroïques et des familiarités sublimes. Comme il ne lui faut qu'un mot pour entrainer à sa suite les plus fières intelligences, il ne lui faut aussi qu'un mot pour se rapprocher des plus humbles et les ravir. Assuré que la charité saura bien trouver le chemin des esprits si elle s'ouvre la porte des cœurs, il s'efforce surtout de les persuader et de les remuer, et il y arrive aisément, car il leur parle avec le sien, et il y a comme un battement de cœur sous chacune de ses paroles. Souvent l'émotion l'entraine lui-même. On dirait que son âme déborde d'adoration et d'amour. Il s'enivre pour ainsi dire de la sève féconde qui découle de l'arbre sacré de la croix, et dans les vibrations troublées de sa voix, se trahit l'extase intérieure qui le domine. Ses accents alors sont irrésistibles. Enfin, qu'on nous permette de le dire, M. l'abbé Bougaud est de son temps, bien de son temps; et, chez un orateur,chez un écrivain, dont la mission est de conquérir les âmes, si ce n'est pas la première des qualités, c'est la première des séductions. On n'agit sur son temps, qu'à la condition d'en être soi-même, de parler sa langue, de comprendre ses passions, ses aspirations, les unes pour les combattre dans ce qu'elles ont de pervers, les autres pour les diriger dans ce qu'elles ont de pur et de généreux. Or, M. Bougaud les comprend. Il n'a pas borné ses études à ce fond éternel de l'âme humaine qu'il connait bien pourtant ; il en a exploré cette région mobile et passionnée qui change avec les siècles, les milieux, les évènements. Son oreille a été attentive aux bruits de ses contemporains, et quand il parle de leurs joies, de leurs douleurs, de leurs rêves, l'on sent qu'il en a écouté le gémissement et le cri, et que l'écho en est impérissable dans son souvenir. Il a contemplé, il a entendu l'âme vivante de son siècle et de son pays.

« Ces qualités si brillantes de l'écrivain et de l'orateur

ne voilent pas en M. Bougaud, aux yeux qui le connaissent, les qualités de l'homme privé et de l'administrateur. Il a, dans son accueil, cette cordiale simplicité dont on sait tant de gré aux hommes supérieurs, et qui donne à l'autorité son meiller prestige en la faisant aimer. De la région élevée où elle plane naturellement, sa pensée descend, quand il le faut, sur le terrain pratique, et il apporte au maniement des affaires une dextérité, une mesure, et en face des revendications injustes, si parfois elle en rencontre, une énergie, qui, durant ces jours difficiles, eurent plus d'une occasion de s'exercer en des négociations délicates. Il a toujours su y défendre les droits, en évitant, autant que possible, de froisser les hommes.

« De telles aptitudes ne pouvaient que se développer encore aux côtés du puissant organisateur, dont il fut près de vingt ans le témoin et le collaborateur dans le diocèse d'Orléans, où, depuis quarante ans, tant d'œuvres fécondes ont été suscitées ou se sont développées, où les plus pures et les plus généreuses traditions du zèle et du dévoûment se sont transmises comme un héritage et demeurent toujours vivantes.

« Nous félicitons bien cordialement le diocèse de Laval du grand don qui lui est fait, comme pour le consoler de tant de deuils, et nous nous réjouissons de la nouvelle gloire qu'une telle nomination apporte à l'Église de France et à l'épiscopat tout entier. »

⁂

Nous empruntons à un autre biographe les traits suivants que complètent et précisent merveilleusement le portrait :

⁂

Mgr Bougaud est de haute et forte stature ; sa belle tête où respire la bonté, est encadrée de longs cheveux qui retombent en boucles sur le cou. L'œil est méditatif et profond ; sa paupière à demi-close semble toujours prête à laisser échapper quelque éclair. La lèvre est fine et spirituelle ; l'ensemble est d'une grande douceur. . . .

. . . .

Quelle est donc cette flamme, qui anime les œuvres magistrales de l'écrivain et met un souffle si entraînant dans la voix de l'orateur ?... C'est assurément celle du cœur ! Et l'on peut dire que le génie de Mgr Bougaud n'est fait que de tendresse convaincante, de bonté persuasive.

Ce cœur, dans ses ouvrages et dans ses discours, éclate sous les formes les plus élevées de l'amour et sa bonté se révèle aussi bien dans l'intimité de la famille que dans les relations de la vie publique.

— Écoutez ces nobles accents, quand il nous montre, avec des larmes dans la voix, la France abattue et meurtrie sur les champs de bataille de 1870 ; qu'il fait revivre dans une évocation superbe nos soldats morts pour la patrie à Patay, à Loigny, à Ladon... ; quand il nous fait assister au grand drame qui se déroule avec Jeanne d'Arc, de Domrémy au bûcher de Rouen ; ou qu'il nous redit les dernières paroles du commandant B. de Villers, frappé mortellement au Tonkin. N'est-ce pas l'*Amour de la patrie* qui nous parle par sa bouche ? N'est-ce pas lui qui fait courir dans l'auditoire ce long frisson patriotique et qui nous remet l'espoir au cœur ?

C'est bien le fils d'un soldat qui s'exprime de la sorte. Mgr Bougaud n'a pas oublié les récits du brave colonel d'état-major qui avait suivi l'Aigle victorieuse à tous les coins de l'Europe, et l'on retrouve dans l'émotion de sa chaude parole comme un frémissement de cette glorieuse épopée dont son père fut un des héros.

Cet écho vibrant que sa voix jette aux voûtes sacrées semble les faire retentir d'un bruit victorieux de fanfares ; et, quand on a entendu ces mâles accents et qu'on cherche à découvrir l'avenir voilé de la patrie, on se sent, malgré les désastres du passé, plein de foi dans la grandeur de ses impérissables destinées. . . . .

. . . .

M. Spuller, ministre des Cultes, avait décidé la nomination de l'abbé Bougaud à l'évêché de Laval et, désireux de connaitre le futur dignitaire de l'Église, l'avait mandé à Paris. Surpris par cette décision due à des démarches faites par de nombreux évêques et des amis dévoués, le studieux vicaire général se rendit à l'appel qui lui était adressé. Mais, dès qu'il fut introduit auprès du ministre, il lui demanda, avec force instances, de maintenir comme évêque de Laval, où il est déjà connu et aimé, Mgr Bouvier, vicaire général de ce diocèse qui venait d'être désigné pour l'évêché de Moutiers en Tarentaise.

« — Mais, vous...? » demanda l'Excellence.

« — Oh ! moi, répondit l'abbé Bougaud, quel besoin a-t-on de moi pour un évêché ? Laissez-moi à mes travaux, ils me suffisent. »

Ces paroles, dans leur simplicité, peignent d'une façon ravissante le caractère tout de modestie du nouvel évêque, dont la nomination n'a surpris que celui qui en était l'objet.

*
* *

En faudrait-il une preuve? Nous la trouverions, si besoin était, dans cette lettre que S. S. Léon XIII daignait adresser au vicaire général qui sollicitait son appui divin, comme le soldat dévoué qui se sentira plus fort quand il aura entendu la voix de son chef.

LETTRE DE SA SAINTETÉ LÉON XIII

Cher fils, salut et bénédiction apostolique.

Nous avons reçu la lettre que vous Nous avez adressée à la date du 14 novembre, pour Nous témoigner les sentiments dont vous êtes animé. En la lisant, Nous avons été charmé de reconnaître le filial amour que vous professez pour Nous et pour le Siège apostolique, et Nous avons vivement approuvé les dispositions que vous manifestiez, ne désirant en aucune sorte la dignité qui vous était offerte, mais prêt cependant à en subir le fardeau sur un ordre de Nous. Il nous a été agréable aussi de vous voir résolu à consacrer tous vos soins et tous vos travaux à la gloire de

Dieu et à la cause de l'Église. Il faut, en effet, que vous embrassiez avec ardeur tous les devoirs du ministère pastoral, et que, comme un bon soldat du Christ, vous vous mettiez à l'œuvre, ne négligeant rien de ce qui concerne la défense de l'Église, le maintien de ses droits, le salut de votre peuple. Ni la pensée de l'humaine faiblesse, ni la gravité de vos devoirs ne vous doivent effrayer. Si, en effet, comme vous le faites, vous défiant de vous-même, vous mettez tout votre espoir en Dieu, il vous arrivera comme à tous ceux qui placent en lui leur espérance : ils font un échange de forces ; ils prennent des ailes, comme l'aigle ; ils ne se fatiguent pas, ils courent ; ils vont sans défaillir jamais. Un motif de plus pour animer votre courage, c'est l'espérance de l'éternelle récompense, qui sera d'autant plus belle que le labeur aura été plus grand, et plus grandes aussi les épreuves qui s'y pourront rencontrer. Nous, cependant, Nous prierons Dieu de verser sur vous sa grâce avec abondance.

Puisse vous en être le gage, cette bénédiction apostolique que Nous donnons, Cher Fils, à vous, et au peuple qui vous sera confié, du fond de Notre cœur !

Donné à Rome, le 10 décembre de l'an 1887, de Notre pontificat le dixième.

LÉON XIII, PAPE.

P. S. Germain. O. Gautier. sc.

VUE DE LA VILLE D'ORLÉANS, AU TEMPS DE JEANNE D'ARC.

CÉRÉMONIES DU SACRE

Notre Cathédrale a revêtu ses ornements de fête ! Depuis quelques jours déjà, de pieuses mains se sont appliquées, suivant en cela la direction de notre vénéré pasteur, à donner à la majesté de l'édifice l'aspect heureux des jours de grande solennité. La décoration est tout orléanaise et les yeux habitués y reconnaissent les motifs d'ornementation où règnent en maitres les souvenirs de Jeanne d'Arc. Aux grandes orgues, sur un large manteau d'hermine, les armes de la Pucelle, qui regardent suspendu tout au bout, au-dessus du maitre-autel, l'écu accompagné de la bannière blanche où Dieu le Père bénit les anges agenouillés. Dans le chœur, les tentures pourpres des jours de fête avec des rehauts d'or qui l'égaient ; venant de la voûte, des oriflammes et notamment les armes du Chapitre et de la Ville d'Orléans ; aux gâleries, des inscriptions et des grisailles rappelant les saints orléanais. Dans la grande nef, ce sont : à droite, les couleurs de Xaintrailles, du duché d'Orléans, de Dunois ; à gauche, Raoul de Gaucourt, Lahire, le maréchal de Retz ; au-dessous et dans le même ordre, les écussons armoriés des prélats présents à la solennité ; et planant au-dessus des fidèles les armes du duché d'Orléans unies à celles de Dunois.

CATHÉDRALE D'ORLÉANS
En 1770, époque de l'achèvement des tours.
Gravé par Moreau le jeune,
D'après le dessin de Trouard, architecte.

Mais c'est à la croisée du transept, « sous les cloches, » que la décoration est la plus importante : là, en effet, aura lieu la cérémonie, proprement dite, de la consécration.

Deux autels y sont élevés ; au centre, adossé à la grille du chœur, celui où Mgr Coullié, prélat consécrateur, officiera pontificalement. A droite, au bas du pilier, un autel plus petit, auquel correspond, symétriquement placé au pied du pilier de gauche le trône épiscopal, est réservé à Mgr Bougaud, le nouvel élu, pour revêtir ses ornements et dire de la messe tout ce qui précède l'offrande. Aux deux autels, les cierges portent sur leurs hampes les armes des deux prélats, et les quatre piliers du transept supportent, à la hauteur de la retombée des voûtes, les armoiries de Notre Saint-Père le Pape, de Mgr Coullié, du Chapitre cathédral et de la Ville d'Orléans ; au-dessous encore, les armes du Consécrateur et de l'Élu ; en face le trône, la chaire où Mgr Besson, évêque de Nîmes, prononcera l'allocution qui terminera la cérémonie ; enfin, dominant le tout et tombant du dôme en déroulant ses longs plis soyeux, la bannière de Jeanne où, au milieu de son semis de lys, les anges suppliants adorent l'Éternel.

∴

A huit heures, l'assistance se presse en foule, déjà avide de voir, et tempérant, comme à regret, sa légitime curiosité par son respect pour la sainteté du lieu. Le chœur est rempli et, sur les estrades qui le transforment, le clergé du diocèse est là, formant cortège aux prélats. La maîtrise occupe en avant du maître-autel une tribune spéciale où, avec le concours des élèves du Grand Séminaire elle chantera la Messe royale de Dumont, harmonisée par M. Lemoine, le maître de chapelle.

Les invités ont pris place, de chaque côté du transept, sur des sièges élevés, devant les autels du Sacré-Cœur et de la Sainte-Vierge, aux pieds des piliers qui séparent la nef de la croisée, dans la nef, et enfin sur une estrade construite à l'entrée sous la tribune des grandes orgues.

La basilique immense est bientôt comble, et la population ne pouvait témoigner, d'une plus saisissante façon, son filial attachement pour celui que son caractère sacré va bientôt éloigner d'elle.

Au premier rang, nous apercevons M. Boegner, Préfet du Loiret, M. Fousset, Sénateur, M. le Général de division Cailliot; venus de la Mayenne, MM. P. Le Breton et Dutreil, Sénateurs; MM. le Baron de Plazanet, le Marquis de Vaujuas-Langon et Leblanc, Députés, etc. Mais nous sommes obligés de renoncer à dire toutes les illustrations que nous pourrions nommer au milieu de tout ce concours ! De tout le diocèse, de Laval, de tous les coins de la France, du clergé tout entier, de notre belle armée, de la magistrature; de toutes les autorités, corps élus, fonctionnaires, sont venus les représentants les plus autorisés. Et, en tête, comme une garde d'honneur entourant Mgr Coullié et Mgr Bougaud, NN. SS. Gonindard, Archevêque de Sébaste et Coadjuteur de Rennes; Hugonin, Évêque de Bayeux; Turinaz, de Nancy; Besson, de Nîmes; Laborde, de Blois; Lelong, de Nevers; Oury, de Fréjus et Toulon; Lecot, de Dijon: Bouvier, de la Tarentaise. Mgr de Fréjus et Mgr de Dijon, seront, au cours de la Cérémonie, les assistants de Mgr Bougaud.

⁂

Tout à coup, aux accords de la musique sacrée, le clergé entre processionnellement dans l'église venant de la sacristie en passant par le centre de la grande nef. Parvenu au pied de l'autel, le prélat consécrateur, le nouvel élu et ses deux assistants s'agenouillent et se rendent, l'Élu à son autel, et le consécrateur à son trône.

Les évêques, dans l'ordre des préséances, gagnent les sièges qui leur sont réservés de chaque côté, et leurs soutanes violettes jettent comme une note adoucie après l'éclat des ors et des brocarts qui ornaient les vêtements épiscopaux qu'ils viennent de quitter. Derrière eux se rangent, à gauche les dignitaires du clergé de Laval en mozette violette aussi, mais de couleur plus foncée que fait ressortir une bordure d'hermine blanche ; à droite les dignitaires du clergé orléanais, au vêtement plus sévère que relève la pourpre des liserés. Au bas de la chaire, la bure blanche des trois religieux dominicains : les RR. PP. Chocarne, Blot et Mercier ; sur la poitrine de ce dernier brille la croix de la Légion-d'Honneur que lui valut son courage en face de l'ennemi dans la guerre de 1870.

Les yeux sont charmés par cette harmonie des couleurs, et les cœurs à l'unisson pressentent la grandeur morale du spectacle.

Cérémonie imposante ! Chacune de ses phases a un caractère si profond ; la pompe qui les entoure est si solennelle et si grave, les paroles qui les accompagnent sont si sublimes dans leur naïve simplicité, qu'il serait difficile, malgré la préoccupation malheureusement inséparable des grandes assemblées, de ne pas éprouver une vive émotion, de ne pas adresser au Ciel les vœux les plus fervents, pour qu'il répande ses grâces avec abondance sur le nouveau Pontife.

« Déjà le prêtre était placé aux confins des deux mondes, entre le ciel et la terre.

« Aussi, avant de le grandir jusque-là, l'Église lui a dit ce qu'il fallait de dévoûment et de sacrifice pour être prêtre ; puis, elle l'a consacré dans le secret du sanctuaire ; et quand, à vingt-quatre ans, ce jeune homme s'est jeté le front contre terre sur le pavé d'une basilique, pour se livrer à Dieu, ses larmes et ses cantiques de joie ont seuls pu dire son bonheur (1) !

∴

Mais quand, après avoir étudié sa vertu, l'Église veut élever un prêtre jusqu'au trône des évêques, elle recherche cette grande publicité de la foule, et, mère vigilante, au vu de tous, elle demande à son représentant

(1) *Nos Églises, Impressions chrétiennes*, par M. l'abbé Roger, vicaire de la cathédrale. Orléans, Herluison, 1885, in-16.

ARMOIRIES

Mgr de Paris,
Sacré dans la Cathédrale d'Orléans,
le 27 février 1724.

Mgr de Montmorency-Laval,
Évêque d'Orléans,
1754.

Chapitre Sainte-Croix d'Orléans.

Mgr Dupanloup.

Mgr Coullié.

un serment, un examen solennels, préludes de l'investiture qui lui donnera le droit de parler en son nom, et enfin lui donner la consécration divine, qui lui permettra d'exercer ce très haut sacerdoce. Et, par une attention remarquable, le prélat nouveau terminera cette belle cérémonie en exerçant la plus douce des prérogatives de sa nouvelle fonction, en appelant, pour la première fois, de sa main consacrée, la bénédiction de Dieu sur la foule agenouillée.

Et avant tout cela, l'Église avait demandé au prêtre une retraite sévère, où, pendant huit jours entiers, seul, en face de Dieu, il a fouillé son âme. C'est à la maison-mère des Enfants de saint Vincent de Paul, chez les Lazaristes, que Mgr Bougaud a fait cette retraite.

*
* *

Le Serment. — L'évêque consécrateur, à son trône, revêt les habits épiscopaux ; les deux assistants mettent la chape et la mitre blanche, et l'élu, à son autel, reçoit la même chape avec la barrette. Tous trois se dirigent alors vers l'autel principal où le consécrateur est venu, avec la crosse et la mitre, s'asseoir sur un siège élevé, faisant face à l'assistance.

L'élu s'agenouille devant lui, et là, sur les saints Évangiles, prononce la formule du serment : serment de fidélité au chef de l'Église, à l'Église elle-même, à Dieu.

*
* *

L'Examen. — Le nouvel élu se relève et regagne son siège, et là, couvert, et accompagné des deux assistants.

il va répondre à l'examen; en effet, dit le consécrateur : « les anciennes règles que les saints Pères nous ont laissées enseignent et ordonnent que celui qui est élu pour être évêque soit auparavant examiné et interrogé avec beaucoup de charité sur sa croyance touchant la sainte Trinité, aussi bien que sur divers articles relatifs à la discipline et aux mœurs qui conviennent à cet état, et qu'il est nécessaire de conserver. Et cette pratique si sage, non seulement est conforme à la parole de l'Apôtre : N'imposez les mains a personne avec précipitation, mais encore elle sert à instruire celui qui doit être ordonné sur la manière dont il faut qu'il se conduise dans la maison de Dieu, qui est l'Église, et à empêcher que ceux qui lui imposent les mains en soient jamais repris ou blâmés. C'est donc par cette même autorité, et pour satisfaire à un tel ordre, que nous vous demandons, mon très cher Frère, avec une charité sincère, si vous voulez régler toute votre conduite sur les maximes de la sainte Écriture, autant que la faiblesse de votre nature vous le permettra ». Et alors, à chaque question qui lui est posée sur la conduite qu'il entend tenir tant au regard des mœurs qu'à celui des articles de foi, le nouvel élu, debout et découvert, répond aux premières, *Volo :* « Je le veux, » et aux secondes, *Credo :* « Je le crois. »

La voix de Mgr Bougaud, forte et tremblante d'émotion fait un contraste saisissant avec celle plus douce de Mgr Coullié.

∴

La Messe. — La maîtrise commence les chants liturgiques. Le prélat nouveau et le prélat ancien, ensemble au pied de l'autel, disent à haute voix les premières prières du saint Sacrifice, jusqu'au moment où, se séparant, le consécrateur monte à son trône, et l'élu va recevoir, à l'autel de droite, les ornements épiscopaux, notamment la croix pectorale; il continue la messe jusqu'au Graduel. Alors, le consécrateur, comme en un dernier et solennel appel, interrompt les prières, et, devant l'autel principal, adresse à l'élu ces paroles : « Un évêque doit : juger, interpréter, consacrer, ordonner, offrir, baptiser et confirmer », et il invite les assistants à prier Dieu. Tous récitent à genoux les Litanies des Saints.

Le clergé debout dans le chœur, — plus de 400 voix, — répond à la maîtrise. *Ora pro nobis!* dit-il comme en un refrain rapide et bien scandé, dont la persévérante énergie semble vouloir forcer la clémence de Dieu.

Pendant tout ce temps, prosterné, la face abîmée contre terre dans une suprême adoration, le futur Évêque est là au pied de l'autel, s'humiliant devant la Majesté divine. Il nous semble que les cœurs s'étreignent et que la foule se tait, immobile devant l'imposante beauté de cet acte solennel.

∴

La Consécration. — Tous se lèvent; le consécrateur place le livre des saints Évangiles ouvert sur les deux épaules de l'élu, puis chante la Préface. Mais il s'interrompt, et, aux appels religieux du *Veni Creator* chanté par tout le clergé — mâles voix d'hommes et cœurs de prêtres — il va procéder à l'onction.

La tête de l'élu est ceinte d'une bande de toile blanche ; il nous semble revoir, mais vivant cette fois, les tableaux de J.-P. Laurens, où le peintre évoque par son magistral pinceau les scènes et les costumes de la vie religieuse au moyen-âge. L'onction accomplie, le consécrateur, quittant sa mitre, continue la Préface interrompue par l'hymne à l'Esprit-Saint.

« C'est ici cette huile mystérieuse répandue sur la tête d'Aaron, qui descendit sur sa barbe et découla jusque sur le bord de son vêtement : le Seigneur a répandu ses bénedictions de siècle en siècle ». Ainsi dit le psaume chanté après la Préface ; et l'huile sainte va sacrer ensuite, après le chef, les mains du nouvel évêque : à cet effet, pendant le psaume, une bandelette a été disposée comme une écharpe autour de son cou pour soutenir ses mains qui, après l'onction, seront appuyées l'une sur l'autre.

Il est neuf heures et demie. Un rayon de soleil traverse la verrière du transept est, zébrant de couleurs vives la bannière de Jeanne et jetant sur le parvis un reflet violet qui vient se marier admirablement aux couleurs épiscopales.

Intervient à ce moment la *Bénédiction de la Crosse et de l'Anneau.* — Le consécrateur passe ce dernier au doigt de l'élu, et faisant enlever le livre des Évangiles de derrière ses épaules, il le lui fait toucher de ses mains fermées.

Après le *Baiser de paix*, le consacré retourne à son autel où les bandelettes lui sont enlevées, et la messe continue, à chacun des deux autels, jusqu'à l'Offertoire.

Après cette prière, le consécrateur étant assis dans son fauteuil au milieu de l'autel, le consacré va à lui, marchant comme à l'ordinaire entre les deux évêques assistants, et, à genoux, il lui présente pour offrande deux flambeaux allumés, deux pains, dont l'un est doré et l'autre argenté, avec deux barils de même parure, auxquels, aussi bien qu'aux deux pains et aux deux flambeaux, sont les armoiries du consécrateur et du consacré.

Le tout est porté en cérémonie par six acolytes, qui viennent les uns après les autres, en se rencontrant à propos pour faire les inclinations et les révérences marquées par les rubriques.

Alors, le consacré monte à l'autel principal, côté de l'Épitre, entre les deux assistants; on porte son missel devant lui, et il dit tout le reste de la messe en même temps que le consécrateur, lequel prononce tout haut ce que l'on a coutume de prononcer à voix basse dans les messes ordinaires, afin que le consacré puisse l'entendre et le suivre, en faisant aussi les mêmes inclinations, génuflexions et bénédictions que lui.

Et la messe s'achève jusqu'aux dernières oraisons; la voix de l'évêque nouveau s'unit à celle du prélat ancien, pour appeler sur tous les bénédictions divines.

Faut-il nous répéter, et dire l'impression profonde que nous fait la cérémonie. Le *Credo* magistralement chanté par le clergé, qui se répond d'un côté à l'autre du chœur. Les voix de soprani qui dominent ; les grandes orgues, tour à tour seules ou soutenant les voix pour emplir la basilique d'une harmonie pénétrante. L'élévation ! moment sublime; les têtes s'inclinent, tous prient et personne ne regarde plus. Les cloches sonnent, l'orgue murmure, les âmes s'élèvent. Un silence absolu : cela est beau, très beau !

.˙.

La Bénédiction. — La mitre et les gants du consacré sont bénits ; il les revêt, passe l'anneau pontifical, et alors, conduit par la main du consécrateur lui-même, il va prendre possession de son propre trône ; il reçoit de lui la crosse en main, et, le consécrateur se retirant un peu du côté de l'Évangile, sans crosse, debout et sans mitre, entonne le cantique *Te Deum !*

Te Deum laudamus !..... Chant de triomphe ! Dieu vient de faire un évêque, et l'évêque va nous bénir ! Ce sera le premier acte de son saint ministère. Et de fait, mitre en tête, avec ses deux assistants, il parcourt la vaste basilique ; tous s'inclinent pieusement sur son passage.

Pendant ce temps, Mgr Coullié est resté debout au pied de l'autel sans autre ornement que ses vêtements violets ; mais la figure éclairée a transformé son doux sourire ; ses yeux brillent d'un surnaturel éclat qui vient tout droit de son cœur, et chacun à ce moment a pu constater par avance la profonde vérité de ce que Mgr Bougaud disait le lendemain : « Cette cérémonie a créé entre son âme et la mienne, un lien éternel. »

Revenu à l'autel, Mgr Bougaud s'agenouille, et, par trois fois s'inclinant, il remercie Mgr Coullié qu'il salue de ce souhait qui est dans toutes les âmes : *Ad multos annos!*

« Que Dieu vous donne de longues années ! » et le baiser de paix couronne ce vœu que Dieu exaucera. La bénédiction solennelle descend sur tous les assistants et ce n'est pas un spectacle banal de voir ainsi la foule inclinant la tête devant la majesté de ces onze prélats unis pour demander à Dieu d'étendre sur elle sa protection toute-puissante. Une dernière prière termine la cérémonie, et l'assistance remercie Dieu qui lui a permis d'assister à cet imposant spectacle.

*
* *

Mgr Besson monte alors en chaire, et, à huit ans de distance, les oreilles orléanaises entendent la cathédrale retentir des accents dont la faisaient vibrer la parole du panégyriste de Jeanne, le 8 mai 1880.

In te, Domine, speravi.
« Seigneur, c'est en vous que j'espère. »

Messeigneurs,

C'est le dernier mot du *Te Deum* qu'il convient de reprendre et de commenter dans cette chaire pour entrer dans l'esprit de la solennité qui s'achève. Je voudrais répondre, par un acte de bonne volonté, à l'appel du prélat qui nous a demandé le tribut de notre parole. L'amitié ne refuse rien, la joie déborde volontiers ; je cède à ce double sentiment, et je m'abandonne à toutes les espérances d'un si beau jour. Le dernier mot du *Te Deum* est aussi la devise du nouvel évêque : *Espoir sans peur!* Un tel espoir n'est jamais trahi, c'est Dieu qui nous le donne : que pourrions-nous craindre ? Il a l'éternité pour le réaliser dans toute l'étendue et dans toute la splendeur.

de ses inénarrables miséricordes. C'est sur le cœur de Jésus, c'est sur sa croix que j'appuie cette indomptable espérance. Que ce cœur, que cette croix, si heureusement réunis dans les armes du nouvel évêque, parlent un instant par notre bouche et qu'ils vous expliquent toute sa devise : *Espoir sans peur!* Non, l'espoir que nous mettons et dans le cœur de Jésus et dans sa croix ne saurait être confondu : *In te, Domine, speravi; non confundar in æternum.*

Espoir sans peur! Ce mot appartient à la langue ferme et douce que parle un cœur d'évêque, à la langue de saint François de Sales. Or, à qui appartenait-il mieux qu'à l'élu de ce jour de le choisir dans ce dictionnaire inépuisable de douceur, d'amabilité et d'amour créé par l'évêque de Genève? Il y trempe depuis quarante ans sa plume et son cœur; il y rajeunit la parure de son style; il en fait le charme de sa parole et l'exquise délicatesse de ses livres; et sainte Jeanne de Chantal est apparue dans son histoire telle qu'elle s'était formée dans cette école de grâce et de sainteté que François avait ouverte dans le monde.

Après Jeanne, voici Marguerite. Les perles se multiplient dans cette province excellente de la Bourgogne et de l'Autunois, qui devient pendant deux siècles la patrie des saints et la terre des miracles. Notre ami n'a cessé d'étudier, d'approfondir, de préconiser ces merveilles de grâce et de vertu. Il popularise les deux saintes dont il est le compatriote; non seulement il comble les vœux du cloître, mais il force l'attention d'un monde distrait; et le monde, qui n'avait eu, pendant un siècle, que d'indignes railleries pour Marie Alacoque, se laissant gagner doucement aux attraits de sa vie, aux mystères de la douleur et de l'expiation, est revenu goûter, sous les noisetiers de Paray-le-Monial, les inépuisables tendresses de la dévotion au Sacré-Cœur. La bienheureuse Marguerite-Marie, si impopulaire dans le dernier siècle, est devenue populaire dans le nôtre. Tout a secondé ce glorieux mouvement, les miracles du cloître, la piété des évêques à la garde desquels il a été confié, les religieuses qui l'habitent, les chapelains qui le desservent, les Pères de la Compagnie de Jésus qui se sont employés à faire valoir les trésors de la grâce révélée à notre siècle, les livres et les discours composés sur ce sujet, et qui n'ont jamais épuisé l'attention publique. Voilà pourquoi le sanctuaire de Paray ne cesse plus d'être visité par les pèlerins des deux mondes, et le vénérable évêque d'Autun regrette profondément que sa santé ne lui permette pas de prendre part à notre fête, pour témoigner à l'historien et au panégyriste de sa chère sainte la haute estime dans laquelle il tient l'élu de ce jour. C'est le sentiment qui amène ici nos vénérables Frères de Dijon et de Nevers, si épris de la gloire de sainte Chantal, si heureux de glorifier à leur tour le prêtre qui en a raconté les vertus. O Chantal ! ô Marguerite ! regardez-le du haut du ciel et priez pour lui !

Ainsi se forme le cœur d'un évêque à l'école du Sacré-Cœur. Ainsi a-t-il appris à écrire, à parler, à bénir, quittant la plume pour la chaire, et ne se reposant des fatigues de la chaire que par celles de l'écrivain. Rome et Paris l'ont entendu ; toute la France a lu ses livres et les relit encore ; mais le Français qui les vante n'apprend rien à l'étranger ; et partout où l'étranger apprend notre langue, les ouvrages signés de son nom comptent parmi les meilleurs de notre littérature sacrée.

Que va-t-il faire de ce trésor amassé dans son cœur par le commerce qu'il a depuis quarante ans avec les saints de nos contrées ? Il était temps d'en faire profiter un grand diocèse, et c'est le diocèse de Laval qui l'a obtenu. Heureux diocèse à qui sa foi, sa piété, ses bonnes mœurs, son attachement au Saint-Siège, ont mérité ce bonheur ! Le clergé et le peuple viennent à la rencontre de leur pasteur avec un empressement qui les honore. Ils apportent les vœux de tant de belles âmes, toutes catholiques, dont ce diocèse est peuplé, et le jeune évêque qui va gouverner l'Église de Tarentaise, se mettant lui-même à la tête de ses compatriotes et de ses amis, a voulu, avant de prendre possession de son siège, embrasser, les mains toutes pleines encore de l'onction sainte, celui qui devient aujourd'hui le père de sa patrie. Le nom qu'il porte est un nom cher à la France et à l'Église, et il me semble que du haut du ciel Mgr Bouvier, ce prélat dont la mémoire ne se flétrit point par le temps, partage aujourd'hui son regard entre son cher neveu et son cher successeur, en demandant pour l'Église de Laval et pour celle de Tarentaise qu'elles jouissent longtemps des pasteurs que Rome vient de leur donner.

Voilà, Monseigneur, sous quels auspices s'inaugure votre pontificat. Votre cœur aimant va aimer encore davantage, et vos entrailles vont se dilater comme celles d'une mère. Vous êtes père, vous êtes mère, dans toute la vérité spirituelle de cette expression. Ce n'est plus une âme à trouver entre mille au milieu d'un auditoire composé d'étrangers et d'inconnus, que vous ne voyiez qu'en passant et que vous ne deviez plus rencontrer. Ce sont quatre cent mille âmes, qui sont vos enfants et que vous avez le devoir de prêcher à temps et à contre-temps, en allant chercher au fond de chacune d'elles l'endroit où la foi fume encore au milieu des ténèbres de l'impiété, le dernier lien qui retient dans le champ de l'Église le roseau à demi rompu. Votre parole, devenue une parole épiscopale, aura une autorité nouvelle. La force dont elle sera revêtue viendra du ciel sans intermédiaire et sans affaiblissement. Et quand vous avez tout à l'heure courbé la tête sous le livre des Évangiles, c'est le filet du pêcheur que vous avez accepté tout entier, dans toute son étendue et avec tout son poids, pour le jeter sur tout votre diocèse, avec le courage et l'amour que l'on puise à l'école du Sacré-Cœur.

Jetez-le donc et jetez-le encore. En tombant de plus

haut, il atteindra plus loin les âmes promises aux conquêtes épiscopales. Qu'il tombe sur le pécheur qui a oublié les commandements de Dieu, et que le pécheur, étourdi sous vos coups paternels, se laisse ramener du fond de l'abîme où il allait trouver l'enfer. Qu'il tombe sur l'incrédule, et que le *Credo*, qu'il a renié, chanté à son oreille avec l'accent de votre cœur, redevienne doux à ses lèvres comme au jour de sa première communion. Il faudra descendre plus bas encore. Il y a, sur les dernières pentes du gouffre, des hommes en qui la raison s'est éteinte avec la foi, et qui refusant de croire ce qu'ils ne peuvent voir de leurs yeux ou toucher de leurs mains, n'ont plus d'autre décalogue que celui de l'intérêt, d'autre *Credo* que celui de la nature. Ce *Credo*, ils l'appellent celui de la science, et leur science est d'avoir tout oublié et rien appris. Pauvres âmes! lumières éteintes! ruines qui s'amoncellent de jour en jour! Mais vous avez étudié et pénétré l'âme de sainte Monique. Vous savez ce qu'il en coûte pour baptiser un Augustin. Et pour que le cœur du Divin Maître ne cesse de faire battre et palpiter le vôtre, vous venez d'interroger celui de saint Vincent de Paul. Je ne vous dirai point que sa *Vie* ajoutera un nouveau fleuron à votre couronne, j'aime mieux m'adresser au diocèse de Laval et lui dire : « Félicitez-vous encore une fois d'avoir pour Évêque le panégyriste et l'historien des grands saints. Il a formé son cœur en étudiant leur vie. Il a appris à aimer, comme eux, le pécheur, l'incrédule, le fils égaré. O Monique! ô Augustin! ô Vincent de Paul! priez pour lui! » Nous nous apprêtons à lire les belles instructions pastorales qui vont sortir de sa plume; elles feront le tour de la France, et la France fera une part de ses remercîments à la noble Église de Laval.

Oh! mes vénérés Frères, qu'il est beau de chanter ainsi l'hymne de l'espérance à l'école du Sacré-Cœur! Que cette assemblée est belle ! Le cœur des prêtres y bat à l'unisson du cœur des évêques. Les fidèles pensent et sentent comme les prêtres, et les magistrats se mettent à la tête du peuple pour en représenter les vrais sentiments. Qu'il est bon, qu'il est agréable d'habiter, de prier, d'espérer ensemble et pour la France et pour l'Église au milieu de ces pompes sacrées qui renouvellent l'antique alliance de l'Église et de France! C'est le Concordat qui s'affirme ainsi dans une de ses clauses les plus importantes. Le chef de l'État a désigné le prêtre; le chef de l'Église en a fait un évêque. L'Église et l'État demeurent d'accord pour la conduite des peuples; le contrat qu'ils ont passé s'affermit encore davantage, et quand, au milieu des ambassadeurs de l'univers entier, la fille aînée de l'Église apporte au Pape les hommages et les lettres du chef de l'État, il est consolant et pour l'Église et pour la France de l'entendre professer solennellement le respect d'un concordat qui est la loi et le salut de la nation. J'en remercie Dieu, dans cette assemblée sainte, et je m'écrie : Non, tant que l'Église de France s'appuiera sur ce cœur qui a tant aimé les hommes, son espérance ne saurait être confondue. *In te, Domine, speravi.*

Mais à côté du cœur, emblème de piété, de miséricorde et d'amour, notre vénéré Frère a placé dans ses armes une croix, emblème de force, de sagesse et de courage : c'est la sagesse et la vertu de Dieu même : *Dei virtutem, Dei sapientiam!*

Cette croix, l'évêque vient de la recevoir avec la mitre, qui est le casque des combats, la crosse, qui est le bâton de l'autorité, et l'anneau, ce symbole éloquent de l'alliance qu'il contracte avec son Église. Il a porté, pendant quarante ans de sacerdoce, la croix de l'obéissance; il va prendre pour le reste de sa vie la croix du commandement. De ces deux croix, c'est la seconde qui est la plus lourde. N'importe, il nous faut porter notre croix d'évêque et non la traîner. Il faut la porter derrière Notre-Seigneur Jésus-Christ, le long de toutes ces pentes abruptes qui mènent des tribunaux d'Hérode, de Caïphe et de Pilate au sommet du Golgotha. Que d'insultes au pied de cette croix! Que de breuvages amers présentés aux oints du Seigneur, aux christs qu'il a sacrés, pour les placer à la tête des peuples! Regardez dans ce vase qui déborde de fiel et d'absinthe. Voilà les injures de la parole et de la presse, les blasphèmes qui s'élèvent du milieu de la foule ignorante, les sommations qu'on nous fait tous les jours de descendre de la croix, en nous disant que les clous de la passion ne supportent pas un Dieu, mais un cadavre tombé en poussière. Quel abandon! quelles ténèbres! Et cependant, il nous faut demeurer sur cette croix, et là, tantôt parler, tantôt nous taire, et cependant souffrir et prier toujours. Les uns accusent nos paroles, les autres notre silence; mais nous avons les regards tournés vers une autre croix, où le vicaire de Jésus-Christ tantôt parle et tantôt se tait, selon la nécessité des temps. C'est le Père commun des fidèles, c'est l'oracle infaillible, c'est le modèle achevé, c'est l'orgueil et l'amour de l'Église militante, c'est Léon XIII.

Mais, après tant de souffrances, d'injures et d'amertumes, que de consolations et de gloire! Voilà que Léon XIII est monté du Calvaire au Thabor, et ce ne sont pas seulement les trois disciples, c'est l'univers entier qui est témoin de cette transfiguration inattendue. Vous êtes allé vous-même, cher et vénéré Seigneur, jouir à Rome de ce grand spectacle. Vous avez embrassé, au milieu des députés des deux mondes, les genoux du Père commun de la chrétienté, et vous avez reçu, non seulement de sa plume, mais de sa bouche, les plus magnifiques encouragements pour votre modestie, qui voulait se dérober au fardeau épiscopal. Vous êtes sorti du Vatican tout inondé de la lumière qui a éclaté à Rome, dans ce Jubilé, et qui, de Rome comme d'un centre, s'est répandue du Nord au Midi et du Couchant à l'Aurore, jusqu'aux dernières extrémités du monde habitable. Oh! qu'il fait bon vivre en cette année sainte, pour en voir toute la splendeur et en goûter tous les charmes: *Domine, bonum est nos hic esse.* Les marques de la véritable Église éclatent et rayonnent de toutes parts : l'unité sans rupture, puisque tous les esprits et tous les cœurs se tournent vers le même chef ; la catholicité sans limites, puisque tous les peuples ont envoyé des pèlerins à cette audience universelle ; l'apostolicité sans interruption, puisqu'il n'y a qu'une voix pour dire à Léon XIII, dans toutes les langues : « C'est vous qui êtes Pierre. » *Tu es Petrus ;* la sainteté sans ombre et sans déclin, puisque Léon XIII constate encore des miracles opérés, de nos jours, sur le tombeau des saints, et qu'il tire les saints de leurs tombeaux pour les placer sur nos autels !

Voilà ce que voit notre siècle à son grand étonnement. Ce siècle, qui avait commencé en 1789 par la proclamation des droits de l'homme, s'achève tout à coup, sans qu'on y pense, en 1888, par la proclamation des droits de Dieu. C'était l'espérance de Joseph de Maistre ; c'est la vérification littérale du mot de Bossuet : « L'homme s'agite et Dieu le mène ! » O cher et vénéré Seigneur, quel beau chapitre à ajouter à votre ouvrage sur *Le Christianisme et les temps présents !* et comme votre plume se trempera de lumière et de vigueur pour tracer un si grand tableau !

Ce Dieu qui mène l'homme comme il lui plait, a pris notre ami par la main dès les jours de sa jeunesse pour l'amener de Dijon à Orléans et le mettre à l'école d'un grand Évêque. Là, il a vu faire Mgr Dupanloup ; il l'a servi avec fidélité, et, après avoir passé dix ans encore au service de son digne successeur, voilà qu'il lui faut sortir de l'Église d'Orléans, où il tenait la seconde place avec tant de dignité, pour aller occuper la première dans l'Église de Laval. C'est à vous, Monseigneur d'Orléans, que revient, avant tous les autres, la glorieuse responsabilité de cette élection. Vos frères dans l'épiscopat viennent aujourd'hui vous en remercier. Ils sont venus du Nord et du Midi, de Bayeux et de Nancy, de Dijon, de Nimes et de Fréjus, de Blois, de Nevers, de Rennes, pour joindre leurs mains aux vôtres sur la tête de l'élu et pour appeler sur cette tête si chère l'abondance et la plénitude des miséricordes éternelles. Ils lui souhaitent, avec les paroles de la sainte liturgie, la constance de la foi, la pureté de l'amour, la sincérité de la paix. Humble, fidèle, prudent, plein de zèle, ni la crainte, ni la louange, ne sauraient le corrompre. Il n'appellera point lumière ce qui est ténèbres, ni ténèbres ce qui est lumière, contredisant quand il faudra contredire (1), et redoutant, plus que tout le reste, de trahir, d'abandonner, ou d'oublier seulement, ne fût-ce qu'un instant, les libertés de l'Église et les intérêts sacrés des âmes.

Vivez, vivez longtemps, direz-vous tout à l'heure à votre heureux consécrateur, car ces droits, ces intérêts, ces libertés, il sait les défendre. *Ad multos et felices annos.* Et nous tous, en nous associant à vos souhaits, nous empruntons à la liturgie les mêmes paroles pour vous dire à vous-même : Vivez longtemps, soyez heureux, soyez aussi heureux que vous nous êtes cher, car vous aussi vous défendrez, la croix à la main, les trois grandes choses qui sont confiées à la garde des évêques : la foi, la justice et la liberté : *Ad multos et felices annos.*

Mais l'évêque qui vient d'être sacré dans cette cathédrale ne lui fera pas ses adieux. Il y reviendra et il y retrouvera son souvenir toujours vivant. Orléans, qui depuis des siècles n'avait pas vu la fête d'un sacre, s'apprête à célébrer d'autres solennités qui réuniront sous ces voûtes l'élite du clergé et du peuple. Le tombeau de Mgr Dupanloup s'achève, et bientôt sera inauguré. Ce jour-là, en voyant le disciple du grand évêque d'Orléans revêtu des insignes épiscopaux, nous dirons dans la langue de Jeanne d'Arc : « Notre ami a été à la peine, il est juste qu'il soit à l'honneur. »

Un spectacle plus grand encore est promis à cette Basilique. Comment parler de la canonisation des saints

(1) *Pontifical romain.*

sans attendre, sans espérer la canonisation de Jeanne d'Arc ? La France entière la demande, l'Église l'espère : est-ce trop présumer d'un prochain avenir que de dire aujourd'hui que Léon XIII la prononcera ? O Jeanne ! qui plus que vous a connu la Croix ! O Jeanne ! qui mieux que vous mérite d'avoir un glorieux Thabor après avoir eu un si douloureux calvaire ! Non, les Montfort et les La Salle ne sont pas les derniers saints de notre patrie que Léon XIII placera sur les autels. D'autres étoiles se lèvent au ciel de la France ; les nuages qui les cachent encore se dissipent : elles montent, elles prennent place dans le ciel de l'Église, et je salue d'avance, au milieu d'elles, cette Jeanne, cette héroïne qui fut trois fois sainte : dans les murs d'Orléans, dans la basilique de Reims, sur le bûcher de Rouen, cette Jeanne qui depuis quatre siècles, ayant pris son vol vers les hauteurs célestes sous la figure d'une colombe, n'attend plus qu'un signe pour y apparaître avec la blancheur et l'éclat d'un astre nouveau. Appelez-la, Saint-Père, et qu'elle vienne à notre défense : *Stellæ vocatæ sunt et dixerunt : adsumus.* Qu'elle se montre, qu'elle brille, qu'elle éclate sur nos têtes ! Avec elle la France fut à la peine ; avec elle, la France sera à l'honneur. A la peine sur la terre, à l'honneur dans le ciel ; à la peine dans le temps, à l'honneur dans l'éternité.

Ainsi soit-il.

∴

Après cette éloquente allocution, Mgr Besson descend de la chaire et prend aussitôt son rang dans le cortège qui doit se rendre processionnellement à l'évêché.

Le clergé tout d'abord ouvre la marche tandis que les grandes orgues font entendre leurs jeux les plus puissants comme en un dernier chant d'allégresse : NN. SS. les évêques suivent, se succédant dans l'ordre que leur assigne la date de leur préconisation. Mgr Bouvier, de la Tarentaise, est le premier, et Mgr de Sébaste doit à son titre d'archevêque d'être le dernier, précédant Mgr Bougaud. Enfin Mgr Coullié, prélat consécrateur, seul revêtu de la *capa magna*, quitte le dernier sa cathédrale qui se vide aussitôt de la foule énorme qu'elle avait si longtemps retenue.

Du haut des marches du péristyle le spectacle est grandiose : un soleil radieux de midi fait scintiller la neige, et sur ce blanc tapis d'hermine le cortège se déroule majestueux entre deux haies compactes et continues que forme la population respectueusement accourue au passage. Elle s'incline sous la bénédiction des évêques ; puis silencieusement s'écoule quand les portes de l'évêché se referment, alors que montent encore dans les airs les derniers versets du psaume chanté par le clergé à la gloire de Dieu.

LES ADIEUX

Mgr Bougaud va donc quitter Orléans. Il le faut, puisque Dieu l'appelle à porter ailleurs les bienfaits de son zèle épiscopal.

Mais il laissait ici trop de cœurs reconnaissants pour

pouvoir partir sans recevoir d'eux les marques de la plus sincère et de la plus respectueuse sympathie.

A l'issue de la cérémonie, un banquet, chrétiennes agapes, réunissait à la salle des Fêtes tout le clergé présent ; en son nom, une voix éloquente y lut le martyrologe suivant qui est comme la pièce officielle où l'histoire trouvera la trace de la cérémonie que nous avons essayé de décrire.

Hâc die, in insigni Sanctæ Crucis Basilicâ, per manus Reverendissimi et Dilectissimi Aurelianensis Episcopi, Assistentibus Reverendissimis et Illustrissimis Episcopis tùm Forojuliensi tùm Divionensi, concionem habente ad populum clarissimo Nemausensi Antistite, præsentibus vero, cum Reverendissimo Sebastensi Archiepiscopo, pluribus Episcopis, Bajocensi videlicet, Nanceiensi et Blesensi, Nivernensi quoque et Tarentasiensi, coram delegatis a Valleguidonis pariterque Divione et Augustoduno sacerdotibus, astante clero Aurelianensi prope universo, cum primoribus populi turbâque fidelium innumerâ, totâ civitate Aurelianâ exultante, *Ludovicus-Victor-Æmilius Bougaud*, Vicarius Generalis et Archidiaconus, in Episcopum Ecclesiæ Valleguidonensis, solemni pompâ unctus est et consecratus.

Qui quidem, in illa nobili Burgundiâ natus, tantorum virorum parente, quorum sanctitate et ingenio, Galliarum olim Ecclesia decorata est, Divione primùm, deinde Augustoduni educatus, sacerdotio auctus, scriptis et doctrinâ statim eminuit.

A magno Ecclesiæ Athletâ Aureliam arcessitus, ipsius factus est in administrando socius, in scribendo discipulus, in debellandâ impietate comes, in diligendâ et tuendâ veritate, in procurandâ animarum salute flammæ ardentis et intrepidi animi particeps.

Quemadmodum ante Beatæ Johannæ historiam pari eruditione et elegantiâ scripserat, ita deinceps Monicæ matris amorem et victrices lacrymas, divini Cordis « altitudinem et profundum », Beatæ Margaritæ æstuantem caritatem, eâ doctrinâ, eâ pietate descripsit ut non historicus narrâsse sed vates cecinisse videatur.

Ipsam Religionem Christianam præsentium temporum hominibus

exponere, quà claritate et magnificentià par erat, argumentorum quoque copià demonstrare agressus, librum, sententiarum gravitate, rationum pondere, verborum luminibus, orationis vi et lepore distinctum exaravit, qui veritatem catholicam illustraret, animos flecteret, credentes firmaret in fide, ipsos demum incredulos Christo et Ecclesiæ non paucos reconciliaret.

Interea in concionando frequens, magnâ vi eloquentiæ præcipuas Galliæ civitates movere non destitit, doctrinà illuminare, flamma accendere, magnum denuntiare Gallicanæ Ecclesiæ periculum, dignum se exhibere cujus Roma doctrinam integerrimam zelumque ardentem laudaret, quem Episcopi consortem sociumque sibi cuperent, et omnium catholicorum vota multis jam ab annis pontificali dignitate ornari precarentur.

Unanimi tandem desiderio permotus, Magnus ille vivorum discretor, Leo Papa XIII Pontifex Maximus, cujus nomen et ingenium in universo nunc orbe celebratur, ad hoc honoris fastigium non tantum evehi voluit sed invitum et reluctantem jussit ascendere confidenter.

Vivat igitur et regat Ecclesiam Dei, electus a Deo, ab Apostolicâ Sede confirmatus, divinâ hodie unctione factus Pontifex!

Quem desiderio et fletu dimittit Aureliana Ecclesia, Valleguidonensis læta et exultans accipiat foveatque!

Ut sospes valeat unanimes ominamur, ut gregem suum verbo diu et exemplo pascat, et quod Aureliæ duobus optimis et dilectissimis magistris didicit, quod usu quotidiano proximus ipse est edoctus, nunc assequatur, dignus Felice et Petro, alterius filius, alterius frater, dignus tantis qui nunc adsunt Pontificibus sibi amicitiâ conjunctis!

Ecclesiam suam soletur, episcopale collegium ornet, Galliarum Ecclesiæ et clero decus addat, inflammatâ et eloquenti voce veritatem tueatur et amantissimo corde Valleguidonensium ut Aurelianorum affectus sibi devinciat; inter magnos denique Antistites, ut in terrâ nunc, sic in cœlis postea inscribatur:

Hæc nostra omnium reposita est in corde Jesu,

SPES SINE TIMORE.

* *

Dans la soirée, le clergé qui pendant vingt-cinq années avait avidement profité de l'exemple et des leçons du vicaire général, sollicita de l'évêque la faveur d'une réception intime. De pareilles scènes ne se décrivent point. Malgré les fatigues physiques et les émotions morales d'une telle journée, Mgr Bougaud voulut recevoir *son* clergé; mieux que par le discours le plus ordonné il sut dire à tous ces prêtres, en quelques mots étouffés par les sanglots, ce que son cœur leur laissait d'affectueux souvenirs pour n'emporter que des regrets.

* * *

Vicaire général de Mgr Dupanloup, l'abbé Bougaud avait été activement mêlé à toutes les préoccupations du « grand éducateur » de la jeunesse. Aussi les élèves des deux petits séminaires d'Orléans voulurent-ils lui témoigner leur gratitude en élevant pour lui un monument littéraire « *ære perennius* », durable, éternel même, comme la reconnaissance qui vient des cœurs droits.

Le soir même du sacre, NN. SS. les évêques et l'élite de la société orléanaise se pressaient dans la salle synodale de l'évêché pour assister à la soirée organisée par les Anciens du petit séminaire de Sainte-Croix. Nous ne saurions redire tout ce que nous y avons entendu : le talent littéraire, le goût artistique, l'esprit et le meilleur, tout y fut largement dépensé. Le lecteur en jugera par la pièce de vers que nous transcrivons ici.

I

Ah ! nous la connaissons, la profonde blessure
Qu'un siècle en fièvre a faite aux âmes de vingt ans ;
Nous en portons toujours l'étrange meurtrissure
Aux intimes replis de nos cœurs palpitants...

C'était encor la joie et c'était la jeunesse,
Et l'éblouissement d'un lumineux éveil ;
Mais, d'un souffle mortel, glacé dans sa tendresse,
Le pauvre cœur saignait, sans air et sans soleil.

Ah ! nous avions encor l'illusion du rêve
Et l'aspiration vague vers les sommets ;
Mais, épuisant l'ardeur et tarissant la sève,
Une étreinte d'acier étouffait nos regrets.

Et les grands dévouements et les saintes folies
Nous secouaient encor d'un long frisson d'orgueil ;
Mais l'indicible angoisse et les mélancolies
Montaient toujours plus haut sur nos espoirs en deuil...

Et, cœur triste et front pâle, on marchait dans la brume,
— La blessure était vive et nous avons crié ;
Mais quelques mots déjà tombaient de votre plume...
— La blessure était sainte et nous avons prié !

II

C'était après les jours de mort et d'épouvante,
Après les jours de honte, après les jours de sang ;
L'Église était trahie et la France expirante
Sans comprendre, à genoux, tombait en gémissant.

C'était le lourd sanglot et la plainte stridente,
Le farouche blasphème au grand jour entendu,
Comme une vision effroyable de Dante,
La confuse rumeur d'un grand peuple éperdu...

Et, baignés de ces pleurs et brisés par ces râles,
Nous, les jeunes vaincus, quand se tut le canon,
Là, toujours, nous sentions, plus tristes et plus pâles,
Lentement s'agrandir la blessure sans nom...

Mais avec le dernier roulement des orages,
Une voix parle, un livre ardent prend son essor,
Et nous lisons d'un trait ces frémissantes pages ;
La tempête est passée et l'on peut vivre encor !

C'était le grand air libre et c'était la lumière ;
L'auteur des *Temps présents* et de *Sainte Chantal*,
Courbant nos fronts bien bas, bien bas pour la prière,
Les relevait bien haut, bien haut vers l'Idéal !

III

Mais il fallait aller plus loin, jusqu'à la plaie,
Presser ce pauvre cœur divinement pétri,
Dans les vagues soupirs de la douleur trop vraie
Trouver le point malade et le côté meurtri ;

Et, comme un médecin, sans bruit, dans l'ombre, écoute,
Avec avidité, les battements d'un cœur,
Il fallait calculer le long travail du doute,
Chercher la fibre d'or sous le rire moqueur...

Hardi quand on espère et vaillant quand on aime,
Le prêtre avait senti ce brûlant rêve en lui
De faire, avec un cri de tendresse suprême,
De ces blessés d'hier les soldats d'aujourd'hui !

Il appelait, pour rendre une œuvre plus féconde,
Au traitement divin de la jeune douleur,
Tout ce qui garde encor de la foi par le monde,
Les chrétiens au grand nom, les femmes au grand cœur !

Vous avez fait couler les larmes de nos mères
Sur nos fronts de vingt ans, battus par les chagrins,
Et vous avez montré qu'en nos heures amères
Les Moniques encor sauvaient les Augustins !

IV

Par vous transfigurée et par vous découverte
Aux consolants rayons qui tombent de la Croix,
La blessure était là, palpitante, entr'ouverte,
Elle était là, saignant encor, comme autrefois...

Mais blessure bénie et blessure divine,
Blessure trois fois sainte et chère désormais,
Où nous sentions jaillir de notre humble poitrine
Le flot qui doit couler, sans s'épuiser jamais,

Le flot du dévoûment, le flot du sacrifice,
La chrétienne fierté d'aller, drapeaux au vent,
Contre l'erreur, le mal, la peur ou l'injustice,
Croix au cœur, plume en main, et toujours : **En avant !**

C'est la jeune vaillance et la jeune énergie,
L'ardeur des bons combats où chacun marche au feu ;
Et l'on entend monter, de la plaie élargie,
Dans chaque battement, un cri vers vous, mon Dieu !

Vous mettez dans ces cœurs, que vous sauviez du doute,
La flamme de l'apôtre où l'amour prend son vol ;
Et vous allez demain, en nous montrant la route,
Nous jeter dans les bras de saint Vincent de Paul !

V

Gloire à vous, Monseigneur ! — Un peuple vous réclame,
Une ville vous pleure... Oh ! mais, plus d'une fois,
Vous laisserez, le soir, aller votre grande âme
Des clochers de Laval aux tours de Sainte-Croix...

Eh bien ! dans votre ville, au milieu d'une place,
Sur son marbre d'honneur un grand homme est debout ;
Et l'étranger surpris, qui regarde et qui passe,
Y lit : « *Je le soignai, Dieu l'a guéri !* » C'est tout.

Ah ! notre France souffre, et la souffrance est dure
Les derniers coups du mal ont mis sa plaie au jour ;
Mais l'Église, devant cette immense blessure,
Se penche sur sa Fille Aînée avec amour.

Dans le rayonnement de sa gloire immortelle,
Aux acclamations des foules à genoux,
Le grand Pape, là-bas, attend, espère, appelle
La liberté sur Rome et le pardon sur nous...

Ah ! ce peuple mourant, qui cherche l'ironie
Et qui pleure tout bas, sera-t-il épargné ?
Ce dix-neuvième siècle, au soir de l'agonie,
Dieu le guérira-t-il ?... — Mais vous l'aurez soigné !

Paul VÉRON.

*
* *

Le lendemain, ce fut le tour du petit Séminaire de La Chapelle, où la génération nouvelle avait préparé une séance académique à l'occasion du sacre. Par une délicate attention, le sujet en était bien choisi pour intéresser le nombreux auditoire qui avait bravé les difficultés d'un rigoureux hiver pour aller au loin l'entendre. Jeanne d'Arc ! l'héroïne orléanaise, type éternel de beauté morale, thème inépuisable de panégyriques cent fois renouvelés ! Plusieurs des prélats assistants étaient là, qui l'avaient éloquemment abordé dans la chaire de Sainte-Croix ; ils ont bien voulu écouter les essais des enfants qui tentaient de butiner après la moisson faite par les maîtres.

Citons un extrait de l'un de ces travaux qui nous a paru être une très remarquable étude des « Panégyristes du 8 mai. »

Assurément, dit-il, il eût fait un beau discours, l'illustre conférencier qui a si bien parlé de la vocation chrétienne de la France !

Mais surtout, que n'eût pas dit Bossuet ? Quelle fête ce serait pour pour les rhétoriciens si le panégyrique de Jeanne d'Arc ouvrait le recueil des *Oraisons funèbres*. On aime à se figurer le chantre de Rocroy célébrant la délivrance d'Orléans, et on se demande en quels accents se fût épanchée devant le bûcher de Rouen sa grande âme, elle qui a fait de si magnifiques adieux à Monsieur le Prince.

Mais Bossuet n'eût-il pas découragé tous les panégyristes ? Non, il eût applaudi, et, plus d'une fois, s'il eût entendu les discours prononcés dans la cathédrale d'Orléans depuis un demi-siècle. Tous les maîtres de la parole y ont paru tour à tour, et dans cette liste glorieuse, nous sommes fiers de voir apparaître, de temps en temps, à côté des Princes de l'Église ei des prédicateurs célèbres, plus d'un nom aimé à Orléans et cher à la Chapelle.

Mais, c'est l'épiscopat français surtout qui a tenu à honneur de payer à Jeanne d'Arc le tribut de sa piété éloquente. Nos évêques sont venus de tous les points de la France lui apporter leur hommage. En vous voyant hier, Messeigneurs, sous les voûtes de Sainte-Croix, il y a des dates qui se présentaient d'elles-mêmes à notre pensée : 1865 et 1879, 1880, et Mgr l'archevêque de Sébaste me permettra d'ajouter 1888.

Un jour, même, on vit un évêque anglais venir demander pardon pour le bûcher de Rouen, la seule page qu'il n'eût pas voulu lire dans l'histoire de son pays. Il avait répondu, lui aussi, à l'appel du grand homme dont le nom, désormais, est inséparable du nom de Jeanne d'Arc ; en même temps que Mgr Dupanloup appelait, pour la louer, ses plus illustres collègues, il montait deux fois dans la chaire de sa cathédrale, et glorifiait l'héroïne et la sainte, dans deux discours qui sont restés les modèles du genre.

Nous sommes heureux enfin de pouvoir citer ici en entier les paroles que Mgr Bougaud voulut bien prononcer à la fin de la séance ; elles la résument, la complètent, et en forment le magnifique couronnement.

Malgré l'immense désir que j'avais de me taire, je vois bien, Mes Chers Enfants, que je ne puis pas ne pas vous adresser quelques paroles pour vous remercier et vous féliciter.

Je sais avec quelle ardeur, avec quel enthousiasme vous avez préparé cette belle séance, pour l'offrir à Monseigneur l'Évêque d'Orléans, qui a répandu hier l'huile sainte sur ma tête et a créé ainsi entre son âme et la mienne un lien éternel (*applaudissements*), et à Nos Seigneurs les Évêques qui sont venus si nombreux et de si loin, malgré les difficultés et les affaires importantes, m'apporter le témoignage de leur amitié et donner l'éclat de leur présence à la cérémonie d'hier.

Oui, Mes Chers Enfants, en leur nom et au mien, je vous remercie et je vous félicite de tout ce que vous venez de dire avec un goût si parfait et des sentiments si élevés.

Je vous félicite de rester ainsi fidèles au culte des lettres et aux traditions du Grand Évêque, qui a été votre Fondateur. Mgr Dupanloup a parlé admirablement des lettres grecques et latines dans son *Discours à l'Académie* et dans ses beaux ouvrages. Il avait bien raison, je le sentais en vous entendant et aussi, laissez-moi vous le dire, en pensant à ce que devient ailleurs l'enseignement donné à la jeunesse. On ne sait déjà plus le grec. A la tournure que prennent les choses, bientôt on ne saura plus le latin ; on n'étudiera plus que le français, et, dans les études françaises elles-mêmes, on ne prendra que ce qu'il y a de plus vulgaire, le chiffre, le nombre, et quand on en sera arrivé là, quand on ne formera plus en France que des mathématiciens, des ingénieurs et des commerçants, on aura peut-être encore un grand peuple, mais, pour dire ici toute ma pensée, ce peuple-là ne sera plus la France ! (*Applaudissements.*)

Je vous ai entendu chanter autrefois dans une de vos séances une poésie, dont je ne me rappelle plus les paroles, mais dont voici le sens : « Ici, sur les bords de la Loire, ont passé de grandes âmes qui ont allumé comme un foyer, dont la flamme n'est pas éteinte et nous réchauffe encore ! »

C'est vrai, Mes Chers Enfants, le culte du Grand et du Beau, qui s'en va partout aujourd'hui, est toujours vivant à La Chapelle. Quand on entre dans cette maison, on y sent quelque chose de large et de grand : on se sent dans une atmosphère qui purifie et qui élève. Ici, on a horreur de tout ce qui est petit, bas, et terre à terre. Tout ce qui sort de La Chapelle a ce caractère. La Chapelle sème comme un sel qui conserve et qui préserve de la vulgarité et de la médiocrité. Prêtres, avocats, médecins, avoués, notaires, industriels, tout ce qu'il y a de meilleur à Orléans sort d'ici ! (*Applaudissements.*) C'est que, Mes Chers Enfants, vos maîtres, il faut leur rendre cette justice, ne se contentent pas de faire de vous des littérateurs; avant tout, ils veulent faire et ils font de vous des hommes; — non pas toujours des grands hommes, car les grands hommes c'est Dieu qui les donne, à ses heures, pour illustrer un peuple, ou pour le sauver, — mais des hommes dans toute la force de cette noble et simple expression.

Quand David mourant faisait à son fils ses dernières recommandations, il se contentait de cette seule parole qui dit tout « *Esto vir* »; quand les Romains, avec leur grand sens, voulaient faire une épitaphe digne d'eux à leur plus célèbres concitoyens, ils dédaignaient toutes les épithètes de *clarissimes* et d'*illustrissimes*, et ils inscrivaient sur le socle de la statue ce seul mot « *vir* ».

Et notre langue elle-même s'exprime aussi fortement et aussi noblement: quand nous venons de conduire à sa dernière demeure un de ces hommes d'élite, comme il s'en rencontre encore grâce à Dieu, nous nous serrons les mains et nous disons de lui simplement: « C'était un homme! » (*Applaudissements.*)

Des hommes de principes, de conviction, de caractère, qui savent agir, qui savent souffrir, qui sauraient au besoin mourir: voilà ce qu'on fait à La Chapelle. (*Applaudissements.*)

Par quel moyen? Vos maîtres le savent, et d'ailleurs il n'y a qu'une recette, je n'en connais pas d'autre. Pour être homme d'honneur et de devoir, pour être juste et bienfaisant, Mes Enfants, il faut être chrétien.

Un grand critique, le plus grand de notre siècle, — c'est incontestable aujourd'hui, — Sainte-Beuve, a dit en parlant de Notre-Seigneur Jésus-Christ: « En dehors de lui, il n'y a pas de grandeur morale; ceux qui l'ont méconnu ou qui ne l'ont pas connu, il leur a manqué quelque chose du côté de l'esprit, du côté du cœur ou du côté du caractère », peut-être des trois côtés à la fois.

Mais, quand on connaît Jésus-Christ et qu'on l'aime comme on vous apprend ici à le connaître et à l'aimer, on peut monter jusqu'au plus sublime degré de la beauté morale.

Vous avez choisi, Mes Chers Enfants, pour sujet de votre séance une figure qui en est l'idéal. Vous avez parlé de Jeanne d'Arc avec un goût si délicat et si littéraire, en cœurs si français et si chrétiens, que je ne veux rien ajouter à vos poésies et à vos discours.

Vous me permettrez seulement de combler une lacune: vous avez parlé de Guy de Laval... et j'ai été bien touché de ce souvenir... mais

Mgr L.E. BOUGAUD

· EVÊQUE DE LAVAL ·

H. Herluison, éditeur

vous n'avez pas tout dit. Quand tout fut perdu et désespéré et que, dans toute la France, il ne resta plus rien debout qu'Orléans, Guy de Laval, ou plutôt Guy de Montfort se jeta dans la ville assiégée, et, au lieu de briser son épée, vint la déposer aux pieds de Jeanne d'Arc. Il la suivit partout et combattit à ses côtés avec tant de vaillance que Charles VII le créa, sur le champ de bataille, Seigneur et Comte de Laval... Comme il avait été à la peine, Charles VII voulut qu'il fût à l'honneur, et, de par le roi, il se tint debout, à la droite de Jeanne d'Arc, au sacre de Reims !

Ainsi se rencontrèrent, pour ne plus se séparer dans la lutte et dans l'honneur, l'héroïne et le chevalier, et avec eux le nom d'Orléans et celui de Laval. Je voudrais être moins indigne de leur servir encore de trait d'union ! (*Mouvements prolongés dans l'assemblée.*)

Mais je m'arrête, Mes Chers Enfants, j'en ai dit plus que je ne voulais. D'ailleurs, je ne suis pas venu pour vous faire un sermon, ni vous pour l'entendre. Vous attendez de moi autre chose. Cette autre chose, c'est ce que le Cardinal Camillo di Rende ne comprenait pas, et qui, vous vous en souvenez, lui attira de la part d'un de ses camarades, une si désagréable épithète. (*Sourires.*) Et ce quelque chose, Mes Enfants, je ne puis pas vous le donner. Je n'ai pas autorité pour cela ; mais je puis le demander à Monseigneur d'Orléans ; il m'a fait hier tant de dons qu'il ne peut pas me refuser cela pour vous. (*Applaudissements.*)

ARMOIRIES

Les lois canoniques, la tradition et un usage immémorial veulent que le nouvel évêque, — noblesse d'Église, — ait ses armoiries. Mgr Bougaud s'est inspiré de ses sentiments intimes, de sa foi éclairée, de son attachement aux souvenirs historiques pour les composer. Son sceau représente saint Louis, debout tenant le bâton de justice de la main dextre et la Sainte-Chapelle de la senestre.

DEVISE :

ESPOIR SANS PEUR

Cette devise, est tirée de saint François de Sales. Les paroles prononcées par l'abbé Bougaud, en 1873, lors du départ des pèlerins orléanais pour Paray-le-Monial l'expliquent : « Jésus-Christ a dit : *La France sera consacrée à mon divin Cœur, et toute la terre se ressentira des bénédictions que je répandrai sur elle. La foi et la religion refleuriront en France par la dévotion à mon divin Cœur, pour rendre cette nation victorieuse de tous ses ennemis* ».

Espoir sans peur ! En dehors de sa signification

religieuse, cette fière devise est bien celle de Mgr Bougaud, et le fils de l'ancien soldat s'y montre sous le ministre de Dieu.

LES ORNEMENTS ÉPISCOPAUX

La Crosse, l'Anneau, la Chape et la Croix pectorale sont des souvenirs offerts à Sa Grandeur par des cœurs orléanais au cœur reconnaissant, hommage de respectueux attachement qui la suivra partout où le saint ministère pourra l'appeler; les généreux donateurs auront cette consolation à leurs regrets, de savoir qu'ils seront représentés là où l'évêque priera Dieu.

Les monastères de la Visitation ont offert à leur historien une *Chapelle de confirmation*, que l'écrivain de sainte Jeanne de Chantal sera fier de porter avec lui dans ses paroisses du diocèse de Laval, et l'ordre tout entier, centralisant les dons, est représenté, en outre, par une riche *Mitre précieuse*. Ajoutons que les Visitandines d'Orléans, chargées de centraliser les dons, eurent l'heureuse pensée de réunir les adresses provenant des pieux monastères du monde entier. Elles en formèrent un volume et l'offrirent à l'Évêque.

Le clergé de Dijon ne pouvait manquer au rendez-vous ; il y est venu et arrivé dans le meilleur rang avec une aiguière en vermeil d'un travail merveilleux, et une étole en soie blanche brodée en or.

Nous devons également une mention toute particulière pour le magnifique *Pontifical*, en trois volumes in-folio, offert par S. G. Mgr Coullié.

LE BATON PASTORAL

La crosse se divise en deux parties bien distinctes, toutes deux en argent doré d'ors de couleur : le bâton, entièrement recouvert de ciselures au tracé, et le crosson ou crosse proprement dite, orné d'émaux et de pierres fines. Le crosson se subdivise en trois parties : le nœud, l'édicule, et la volute, dans laquelle se trouve un groupe de deux statuettes : un évêque à genoux recevant la bénédiction de saint Pierre.

Au-dessous du nœud, sur une tige dans laquelle se monte le bâton, l'on a représenté quatre figures se détachant sur un fond d'émail, ce sont : saint Charles Borromée, sainte Chantal, saint Vincent de Paul, et la bienheureuse Marguerite-Marie. Au-dessus vient le nœud de forme octogonale et orné de pierres fines et de huit gros grenats en forme de larmes. Sur le nœud repose un édicule à quatre faces, chaque niche contient une statuette en

CROSSE ÉPISCOPALE DE Mgr BOUGAUD.

argent oxydé. On y voit saint Aignan, saint Augustin, sainte Monique et Jeanne d'Arc.

C'est au-dessus de cet édicule que s élance gracieusement la volute. Elle est entièrement émaillée, enrichie de pierres fines, et se termine par une petite volute inversée. Là sont figurées, sur l'écusson de face, les armes de Mgr Bougaud, et sur celui de revers celles du Chapitre cathédral d'Orléans. En haut du bâton, une inscription commémorative rappelle que c'est la famille Bapterosses, de Briare, qui a fait ce beau présent et indique les événements que ce don veut rappeler.

La Chapelle de confirmation et cette œuvre d'art font honneur à M. Poussielgue-Rusand, qui les a exécutés.

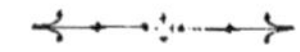

ANNEAU PASTORAL

Améthyste enchâssée dans une couronne d'épines : d'un côté la crucifixion, de l'autre les instruments de la Passion. Superbe joyau en or finement ciselé. (Don de M. C.)

CROIX PECTORALE

OFFERTE PAR LES DAMES ORLÉANAISES

La forme de ce bijou est fort simple, mais d'un excellent goût. Des ornements ciselés et ajourés décorent chacune de ses extrémités. Au centre, dans un cartouche circulaire, sont placées des armoiries. D'un côté, sur un écu losangé, et peintes sur émail, celles de Jeanne d'Arc; de l'autre, gravées en creux, les armes de Mgr Bougaud. Œuvre de Froment-Meurice.

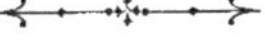

CHAPE

OFFERTE PAR LE CLERGÉ ORLÉANAIS

Elle est en satin blanc et brodée en or fin avec rehauts de soie de couleur. Le chaperon est composé d'arabesques d'un dessin gracieux et symétrique; il est orné au centre d'un buste de saint Louis portant le sceptre de la justice de la main droite, et la Sainte-Chapelle de la gauche. Cette image est entièrement brodée dans le genre de l'étole offerte au Saint-Père par le collège des Barnabites de Gien. Sur le fond se détache un léger semis de lis de France, alternés avec les tours de Castille.

Les arabesques ont la forme d'une croix, afin de rappeler le chapitre de la cathédrale Sainte-Croix d'Orléans. Sur les orfrois les armes de S. S. Léon XIII, de Mgr de Laval, du Chapitre de la cathédrale et de Jeanne d'Arc. Ces armoiries sont sur fond d'or avec leurs couleurs héraldiques. Les médaillons sont reliés entre eux par des rinceaux dans le genre de ceux du chaperon. Le fond de la chape est composé d'un seul morceau de satin sur lequel est brodé un semis de fleurs de lis et de caïeux, alternés et ornés; ce semis rappelle les armes de la ville d'Orléans. Un fermail de vermeil, où sont gravées les armoiries du prélat, sert d'attache à l'ornement, qui a été exécuté par la maison J.-M. Husson.

CHAPELLE DE CONFIRMATION

OFFERTE PAR TOUS LES MONASTÈRES DE LA VISITATION

Composée de : une crosse, une aiguière, un bougeoir et les chrémières. On a appliqué à l'ornementation de ces pièces d'orfèvrerie un nouveau procédé. C'est la gravure à l'eau-forte laissant les ornements se détacher en relief sur un fond oxydé couleur de fer. On a adopté comme principal motif d'ornementation une *Marguerite* ayant au centre une pierre précieuse (topaze cabochon). Les marguerites qui sont argentées sont reliées entre elles par des feuillages dorés, et le tout se détache vigoureusement sur le fond oxydé couleur de fer. Les topazes jaunes au centre des marguerites blanches produisent un heureux effet.

La crosse reproduit sous une forme plus agréable et simple celle de saint François de Sales. Dans la volute il y a une statuette représentant le Bon-Pasteur tenant l'agneau sur ses épaules. Le long de cette volute et extérieurement court une crête de petits crochets finement ciselés.

L'aiguière est de forme moderne, de même que les chrémières et le bougeoir.

MITRE PRÉCIEUSE

OFFERTE PAR LES MONASTÈRES DE LA VISITATION

Cette mitre est en brocart d'or fin. La décoration est fournie par de gracieuses guirlandes de reines-marguerites aux fleurs d'argent, qui rappellent, dans une poétique allusion, la bienheureuse Marguerite-Marie, de la Visitation.

Le devant est orné d'un grand médaillon du Sacré-Cœur de Jésus, brodé en couleur.

Le derrière comprend, au milieu d'une couronne d'épines et brodées en or, les armes données à la Visitation par sainte Jeanne de Chantal et saint François de Sales.

Les initiales des deux saints fondateurs sont rappelées dans deux écussons au-dessus des glands qui terminent les fanons.

AIGUIÈRE

OFFERTE PAR LE CLERGÉ DU DIOCÈSE DE DIJON

Cette aiguière en vermeil est de style moyen âge. Contournant le pied, l'inscription suivante indique que les élèves, les condisciples et les amis de Mgr Bougaud à Dijon, ont voulu lui donner, au moment de son élévation à l'épiscopat, un souvenir de leur fidèle affection :

ILLMO - ET - RMO - IN - XPO - PRI -
DD. EMILIO - BOUGAUD - VALLEGUIDONIS - EPO -
AMICI - ALUMNI - ET - CONDISCIPULI - D - DD -
DIVIONE - PRIDIE - KAL. IAN - MD CCC LXXXVII -

ÉTOLE

OFFERTE PAR LE CLERGÉ DE DIJON

Elle est en soie blanche, brodée en or. Sur un des côtés, le dessin rappelle les dates principales de la vie de Mgr Bougaud : son baptême, sa première communion, son sacerdoce, et sa préconisation à l'évêché de Laval.

L'autre côté reproduit le titre de ses principaux ouvrages : *Saint Bénigne*, *Sainte Chantal*, *Sainte Monique*, *La Bienheureuse Marguerite-Marie*, *Le Christianisme et les temps présents*.

∴

Enfin, tous les évènements importants de notre ville doivent avoir leur monument numismatique. Le sacre de Mgr Bougaud a sa médaille commémorative. Cet hommage d'un bibliophile Orléanais, représente la cathédrale sur la face. On lit, au revers, l'inscription suivante :

L. V. E. BOUGAUD
DIVIONENSIS
VICARIUS GENERALIS AURELIANENSIS
EPISCOPUS VALLE-GUIDONENSIS
CONSECRATUS IN AURELIANENSI BASILICA
QUARTO NONAS FEBRUARII
M DCCC LXXXVIII

L'ordre le plus remarquable n'a cessé de régner pendant tout le cours de cette longue cérémonie. A qui en attribuer le mérite ? Aux organisateurs, qui avaient tout prévu ? A la population orléanaise, si pleine de respect pour toutes les choses saintes ? — A tous deux. Et il faut le dire hautement, parce que cela est vrai : deux mille personnes sont restées, durant trois heures, attentives, silencieuses, recueillies, et rien d'apparent n'était là pour imposer à la foule cette immobilité dont elle a horreur. La majesté divine, — un filial amour — et le bon sens d'Orléans ont tout fait : grâces leur en soient rendues.

IMP GEORGES JACOB, — ORLÉANS.

ARDET PRO PATRIA
LUCET PER PATRIAM

www.ingramcontent.com/pod-product-compliance
Ingram Content Group UK Ltd.
Pitfield, Milton Keynes, MK11 3LW, UK
UKHW022105170726
13837UKWH00003B/1082

9 782329 274201